문학과지성 시인선 **304**

미소는,
어디로 가시려는가

장석남 시집

문학과지성사

문학과지성사에서 펴낸 장석남의 시집

새떼들에게로의 망명(1991)
지금은 간신히 아무도 그립지 않을 무렵(1995)

문학과지성 시인선 304
미소는, 어디로 가시려는가

초판 1쇄 발행 2005년 8월 5일
초판 10쇄 발행 2025년 5월 26일

지 은 이 장석남
펴 낸 이 이광호
펴 낸 곳 ㈜문학과지성사
등록번호 제1993-000098호
주   소 04034 서울 마포구 잔다리로7길 18(서교동 377-20)
전   화 02)338-7224
팩   스 02)323-4180(편집) 02)338-7221(영업)
전자우편 moonji@moonji.com
홈페이지 www.moonji.com

ⓒ 장석남, 2005. Printed in Seoul, Korea

ISBN 89-320-1612-6 03810

이 책의 판권은 지은이와 ㈜문학과지성사에 있습니다.
양측의 서면 동의 없는 무단 전재 및 복제를 금합니다.

문학과지성 시인선 304
미소는, 어디로 가시려는가

장석남

2005

시인의 말

문: 문 열고 들어가도 될까요?
답: 그래요. 그 대신 문은 돌로 막아버려요.

문: 나가고 싶은데 문은 어디죠?
답: 당신!

무너질 데라고는 나 자신뿐!
거길 깨고 나갈 밖에.

나갈 문도 없이 집을 짓는다. 그게
사랑이다.
(그리고 능청이다.
삶 말이다.)

2005년 여름
장석남

미소는, 어디로 가시려는가

차례

시인의 말

얼룩에 대하여　7
두리번 禪　9
겨울 저녁에　10
벌판　12
봄은 손이 다섯　13
봉평의 어느 시냇물을 건너며　14
새로 생긴 저녁　15
그 라일락 밑에는　16
몇 개의 바위와 샘이 있는 정원　18
살얼음이 반짝인다　21
봄 山　22
라일락의 집　24
內面으로　26
미소는, 어디로 가시려는가　28
밤길　30
겨울날　32
매화꽃을 기다리며　34
익살꾼 소나무　35
감나무 속으로 들어간 전깃줄　36

눈 그치고 별 나오니 37
石榴나무 곁을 지날 때는 38
목돈 40
시인은 42
다시 오동꽃 44
봄밤에 46
稚拙堂記 48
산에 사는 작은 새여 50
빗물이고 잠이고 축대인 52
옛 친구들 54
팔당을 지나며 57
내일도 마당을 깨겠다 58
절벽 60
폭설 62
고양이풀에 물 주다 65
새벽길 66
계단 옮기기 68
벌판 72
비밀을 하나 말씀드리죠 74
나아가는 맛 76
亭子 1 78
亭子 2 80
亭子 3 82
방을 깨다 83
흰 꽃 86
잎 88

나의 奢侈　90
눈 녹아　92
산기슭에서　94
耳鳴을 따라서　97
惻隱을 대하고　100
발을 털며　102
장마　103
감나무 곁에 살면서　104
비단 有感　106
窓을 내면 敵이 나타난다　108
생강나무 아래　111
밤 강물　112
복면을 하고　114
시 읽던 바위　116
城이 내게 되비쳐주는 저녁빛은　118
감잎 쓸면서　119
낮은 목소리　120
瀑布　122
편자 신은 연애　125
연못　126
三월이 오고　128
새 방에 들어 풍경을 매다니　129

해설 | '새로 생긴 저녁' · 김연수　131

얼룩에 대하여

못 보던 얼룩이다

한 사람의 생은 이렇게 쏟아져 얼룩을 만드는 거다

빙판 언덕길에 연탄을 배달하는 노인
팽이를 치며 코를 훔쳐대는 아이의 소매에
거룩을 느낄 때

수줍고 수줍은 저녁 빛 한 자락씩 끌고 집으로 갈 때
千手千眼의 노을 든 구름장들 장엄하다

내 생을 쏟아서
몇 푼의 돈을 모으고
몇 다발의 사랑을 하고
새끼와 사랑과 꿈과 죄를 두고
적막에 스밀 때

얼룩이 남지 않도록

맑게
울어 얼굴에 얼룩을 만드는 이 없도록
맑게
노래를 부르다 가야 하리

두리번 禪

장마가 지나자 악취가 나기 시작하였다
우선 가까운 데를 두리번대고
다시 참아보자고 앉았다가
안되겠다 싶어 다시 일어나 두리번댄다
그건 興行과도 같은 것?
諷刺와도 같은 것?
점점 圓을 넓혀 두리번댄다
집 바깥까지, 남의 집 담 너머까지 두리번대다
돌아온다
그건 禪과도 같은 것?
깨침과도 같은 것?
다시 제자리
이번엔 政治的으로 고쳐 앉는다
고요하다

겨울 저녁에

   어느 하느님이 온다는 것인가
   무슨 젊음을 이제는 저토록 높고 소슬히 이겨냈다는 것인가
   저 빈 겨울 감나무
   아이들의 입으로도, 늙은이의 잇몸으로도 들어가고 남은 허공들에
   그동안은 못 보던 하늘, 못 듣던 바람 소리 두루 맑게 갖추는, 그 아래에 나도
   저녁을 부르며 섰다

   이렇게 나무에 한쪽 등을 기대고 있으면 등 뒤가 바로 하나님이란 생각이 불현듯 저녁처럼 오는 것 아닌가
   그러면 나는 저편 산마루 위 하늘, 하늘 속의 멍울져 있는 구름도 좀 보아가며 이 감나무보다도 더 의젓하게,
   저녁은 여럿이 오지 말고 딱 하나만 오라
   내가 다 가지고 싶어라

그러나 이 어스름을 나는 다 가질 수 없어서
깨진 물동이처럼 무너져 통곡이라도 하고 싶은데
남는 흐느낌을 다정스레 데리고
이 나무처럼 다시 서고 싶은데

어깨를 들썩이는 이 하느님이 온다는 뜻인가
이 많기도 한 하느님을 다 가지라는 뜻인가
이 모퉁이 이 저녁에
나는 갑자기 너무 큰 부자가 되어서

벌판

벌판은
안 어기고 돌아오는 봄 때문에도
해마다 넓고
넓어서
四月의 내 作文 공부는
힘에 부친다

울 일이 생겨 간혹 버리러 가면
생겨난 일이 너나없이 그런 일이라고
벌판은 그저 벌판의 일을 계속하고 있으므로
썰물이듯 돌아온다

어스름의 언덕이나 찔레꽃들도
다시 생겨나
나의 作文 공부는 그 앞에서
아주 놓아버리고,

봄은 손이 다섯

봄은 손이 여럿
그중 하나를 붙잡고 나서면
강물은 온다
강물에 봄 山은 꽃까지도 안고 떠밀려 온다
봄 강물 위에 뜬 것
열넷 계집애 신학기의 웃음소리나
그 웃음 기슭의 오랑캐꽃
돌멩이에 발부리 채여 발등에 돋는 환한 꽃들도 모두
내 것이야 내 것일 뿐이야
내 것 아닌 것 하나도 없을 때가 되어
여럿의 봄 손길 중 하나를 붙잡고서 나는
속엣것 다 내쫓으며 섰는 꽃나무이고
또 꽃나무이고

봉평의 어느 시냇물을 건너며

저 햇빛의 찬란함 위로는 이편의 모든 것이 다 손잡고 맨발로 건너갈 수 있을 것만 같다

그러나 건너보면
햇빛은 뒤로 물러나며 조그만 징검돌을 올리고
징검돌은 기우뚱 무슨 말인가를 건네기도 하는 것이다
봄이 오는 길도 그러하였고
너에게로 가는 길도 그러하였다

시냇물은 발랄하고
기러기가 날아간 쪽 하늘빛이 아직은 좀 남아 있고

새로 생긴 저녁

보고 싶어도 참는 것
손 내밀고 싶어도
그저 손으로 손가락들을 만지작이고 있는 것
그런 게 바위도 되고
바위 밑의 꽃도 되고 蘭도 되고 하는 걸까?
아니면 웅덩이가 되어서
지나는 구름 같은 걸 둘둘 말아
가슴에 넣어두는 걸까?

빠져나갈 자리 마땅찮은 구름떼 바쁜
새로 생긴 저녁

그 라일락 밑에는

그 라일락 밑에는
작은 돌멩이들이 산다
한해살이풀들과 깨진 벽돌 조각, 지나가는 사람들이 흘린 밤과 밀담과 욕지거리들이
부모 없는 아이들처럼 서로 다른 원색의 남루를 입고서
라일락이 주는 그늘로만 집도 하고
먹이도 하고 이얘기도 하고
때로 개 오줌을 맞으며
산다

내 자주 가보는
그 라일락 밑에는 돌멩이들이,
숨이 차서 간 때는 밭은기침들이 되어서 살고
고단해서 가는 때는 스님이 되어서 살고
연인이 되어보자고 가는 때는 꽃 계곡처럼 산다
목이 쉬어서

헌데 이상하기도 하지
이상하기도 하지
그 향기
이상하기도 하지?
한결같이
한결같이

몇 개의 바위와 샘이 있는 정원

몇 개의 바윗돌들이 있는 정원으로 우리는
숨겨놓았던 길을 꺼내서 다녀오곤 하죠.
마음을 촘촘히 하고 눈길을 아래로 내린 발걸음.
바윗돌과 그 그림자들, 그리고 그 곁에는 다소곳한 샘이 있는 정원을
가장 깊게 가지고부터
가다가 막힌 길들은 모두 그곳으로 되돌아오곤 하죠.
아카시아꽃들은 초록을 피해나온 피난민처럼
만발하였고 둘레의 城에서 성을 이룬 돌들이 음악소리를 내며
오랜 음정으로 앞으로도 오랜 시간 음악을 이루어
이 정원을 가두리할 것입니다.
밤은 하늘의 별로써 싱싱한 잇몸을 보입니다.
그 빛들이 많음으로 곧 이 정원은 유적을 이룰 것이고
우리들은 이 바윗돌에
오래 앉았다가 저녁 새를 불러 새소리와 함께
집으로 돌아가곤 할 것입니다.
그 향기와 꿀벌들을 데리고 초록의 길을 따라서 가

는 시간들
  우리는 그 꽃들이 간 길을 쫓아갈 수밖에는 없겠습
니다.
  까만 눈동자가 젖는 가을이 오고
  우리는 이 정원에서 서로의 이름들을 호명하고 또
어떤 이름 속에서는
  메아리가 되어 나오는,
  저 맨 처음 이 정원을 찾았을 당시의
  머리카락과 이맛빛과 말소리들을
  참으로 오랜만에 만나보기도 할 것입니다.
  눈이 이 정원을 덮고 눈이
  바위 위에도 앉고 눈이 나뭇가지 사이의
  하늘도 메우고 눈이 고요한 바람까지도 제 품으로
품어서
  바닥에서부터 쌓아 올리고 눈이
  하늘의 언덕을 넘어 내려오는 기러기들의 소리를
  우리들의 관자놀이 속으로까지 옮길 때
  우리는 혹 이 정원의 자그만 돌멩이가 되어서 그것들

모두의 음악 소리를 허밍하고
　또 허밍하고 있을지도 모릅니다.
　그 음악 소리를 그 다음 해의 라일락나무는 아주 익숙한 솜씨로 다 자기의 노래인 듯 이야기하죠.
　자, 이 아름다운 것들
　오늘은 내가 다 연주해보다 하고, 샘의 물도 먹어가며 그 그늘을 길고 넓게,
　그 향기를 깊고 뼈저리게
　우리가 밥을 먹거나 잠자리에 들거나
　사랑을 하거나 꿈을 꾸거나 그것들 모두를
　세상에다가 다 연주하겠죠.
　커다란 바윗돌과 샘이 있는 정원
　길들은 다 외출에서도 다시 그곳으로 가고
　그곳에서 서성이죠.
　꽃이 피거나 바람이 불거나 눈이 날리거나 또는 오늘 같은 날이나 모두 모두

살얼음이 반짝인다
── 첫 추위

가장 낮은 자리에선
살얼음이 반짝인다
빈 논바닥에
마른 냇가에
개밥 그릇 아래
개 발자국 아래
왕관보다도
시보다도
살얼음이 반짝인다

봄 山

푸른 것들이
조금씩 나오고 올라오고
자란다
연록에서 떨어져 나와 연록을 뿌리치고
초록을 뿌리치고 더 크게 푸르러지고 떠오르고
밑바닥에서부터 떠올라 골짜기를 채운다
더 채우고 산을 밀고 계곡으로 올라간다
절벽을 낭떠러지 아래로 밀어 떨어뜨리며
꼭대기로 산꼭대기로
오른다

봄 山이 봄 山이
걸걸거리면서 숨을
끓이면서 꽃 피워
일어서서
봄 山이
천년 절간들도 다 아무것도 아니야
아무것도 아니야

파묻어버린다

(이승이나 떠야 간혹 스님들 모습도 연기로써 보이겠다)

라일락의 집

저녁의 장독대에서 장을 푸는
그, 순가락을 탁탁탁탁 두드리는 소리로써
탁탁탁탁탁 그 유난한 소리로써
라일락나무에 내려온 하늘을 깨워
잎잎마다 사랑의 얼굴을 만드니
그 윤기를
내 허파와 심장에,
부끄러운 이마에도 발라서
살아봐야겠다고

아주 가늘은 달이 낮에서
저녁으로 옮겨가는 것 보고 또 저녁에서
라일락 속으로 들어가는 것 보고
내 발들을 보고
발가락들을 보고
라일락나무 속으로
할머니, 향기들을 거두어 걸어 들어가는 것 보고
꽃 다 빈 것 보고

또 발등을 보고
발등 위 흙 보고

內面으로

요즘은 무슨 출판 모임 같은 델 가도 엄숙하다
떠드는 사람 하나 없고 콧노래 하나가 없다
밤 지새는, 뭐 그렇게라도 치열해보자는 이 없다
전부 뭔가 내면으로 주판알을 굴리듯이
예술을 하듯이
神을 보듯이 멀뚱거리다가
총총히들 內面으로
內面으로 사라져간다

약한 정권 탓인가 명상책이 잘 팔리고
다음 정권에 대비하고
어색스런 웃음을 웃다간 또
웃음 속으로 사라진다
나도 그 웃음 속에
몇 겹의 웃음을 섞고
가장 나중 샘솟는 새 웃음을 데리고 자리를 뜬다

어두운 고궁 모퉁이 꺾인 돌담이라도 같이 하다 보면

쓴물이 올라오듯 오래된 질문 하나가 다시 내달려 오는 것인데
　남에게 보이기 아까운 연애가 진리라는 선배들의 호탕을
　의심해보는 것이다
　담 안의 어둠 속 일들이 궁금하고 궁금한 것이다

　둥글게 둥글게 살자는 명상도 옳긴 하지만 내 시를 보고
　너무 이른 나이에 둥그렇게 되었다는 말도 옳아서
　밤새도록 이 꺾인 고궁의 돌담 아래 앉아 있어보는 것이다

　內面은 다시 조그만 풍경을 하나 피워 올린다
　돌담 모퉁이를 돌아 길의 얼굴 하나
　내 발바닥 밑으로 발걸음을 데리러 온다

　영원히 새로운 풍경이 날 자유케 할 터이니,

미소는, 어디로 가시려는가

저 새로 난 꽃과 잎들 사이
그것들과 나 사이

미소는,
어디로 가시려는가
무슨 길을 걸어서
새파란
새파란
새파란 미소는,
어디만큼 가시려는가
나는 따라갈 수 없는가
새벽 다섯 시의 감포 바다
열 시의 등꽃 그늘
정오의 우물
두세 시의 소나기
미소는,
무덤가도 지나서 저
화엄사 저녁 종 지나

미소는,
저토록 새파란 수레 위를 앉아서

나와 그녀 사이 또는
나와 나 사이
미소는,
돌을 만나면 돌에 스며서
과꽃을 만나면 과꽃의 일과로
계절을 만나면 계절을 쪼개서
어디로 가시려는가
미소는,

밤길

밤길을 걷는다
걸음은 어둠이나 다 가져라
걸음 없이 가고 싶은 데가 있으니
어둠 속 풀잎이나
바람결이나 다 가져라
걸어서 닿을 수 없는 데에 가고 싶으니
유실수들 풋열매 떨어뜨리는 소리
이승의 끝자락을 적신다
그러하다가
새벽달이 뜨면 올올이
풀리는 빛에 걸음은 걸려라
걸려 넘어져라
넘어져 무릎에 철철 피가 넘치고
핏속에 파란 별빛들과 여러 날 시각을 달리해서 뜨던 달
셋방과 가난한 식탁,
옹색한 여관 잠과 마주치는 눈길들의
망초꽃 같은 세미나

꼬부라져 사라졌던 또다른 길들 피어날 것이다
환하고 축축하게 웃으면서 이곳이군
내가 닿은 곳은 이곳이군
조금은 쓰라리겠지
내가 밤길을 걸어서
새벽이 밝아오는 것은 아니지만
새 날이 와서 침침하게 앉아
밤길을 걸었던 이야기를 하게 된다면
나는 벙어리가 되어야 하겠지
그것이 다 우리들의 연애였으니

겨울날

1

살구나무에 잎이 다 졌으니 그 잎에 소리 내어 울던 빗발들 어쩌나 그래서 눈이 되어 오나?
진눈깨비 되어 오나?
살구나무 빈 가지의 촘촘한 고독 사이를 눈은 빠져 내려서
지난 한해의 빗소리 같은 것도
덮고 있는데

잊고 지낸 젯날 같이
설운
하루 한낮

2

풍경 소리가 나와 친해지더니 이제는

새벽녘만 되면 아예 장단을 친다.
그것은 제 혼자 치는 게 아니고
제 동무들까지 불러다가
주고받는 장단을 친다
새벽별에선지 城에서인지
불러다가 장단을 친다

당신 영혼의 샅의 따스함을 내 어디에 꼭꼭 지니려 함을
알고나 있었는지

   3

애인의 눈동자 깊이
구덩이를 파고 자기 심장의 종소리들을 묻어본 적이 있으신지요?

매화꽃을 기다리며

매화분 하나를 구해 창가에 두고는
꽃봉오리 올라오는 것 바라보니
피멍 든 듯 붉은 빛이 섞여서
겨우내 무슨 참을 일이 저렇듯 깊었을까 생각해본다
안에서는 피지 마 피지 마 잡아당기는 살림이 있을 듯해
무언가 타이르러 오는 꽃일지 몰라
무언가 타이르러 오는 꽃일지 몰라
생각해본다

집은 동향이라 아침 빛만 많고
바닥에 흘린 물이 얼어붙어 그림자 미끄럽다
後日, 꽃이 나와서, 그 빛깔은
무슨 말인가
무슨 말인가
그 그림자 아래 나는 여럿이 되어 모여서
그 빛깔들을 손등이며 얼굴에까지 얹어보는 수고로움
향기롭겠다

익살꾼 소나무

  오후나 되어야 햇빛을 받을 수 있는 서편 산 아래 길가의 작은 소나무 한 그루는 참 익살스럽기도 하지. 가지 사이에 날려온 비닐을 달고는 비닐 속에다 대견한 듯 제 저녁의 모습 일부를 비춰보고 있으니. 발가락 열 개를 활짝 벌리고 발가락 사이에 바람을 쏘이는 표정으로

감나무 속으로 들어간 전깃줄
— 이라크 생각

늦봄
늦볕
잽싸게
가로질러
내 방 앞 감나무로 들어가는 전깃줄
어쩔 줄 모르고 후다닥
여관방으로 들어가는 불륜처럼

늦봄
늦볕
금 간,

到處에
웅—
울음소리들
배달하는

눈 그치고 별 나오니
— 山居

눈 쏟아져
마당가로 꼬부라져 오는 모퉁이 길에
새어나간 불빛은 발목 내놓고 무작정 섰는데
어떤 젊은 유배를 맞이할 듯
눈보라 위에는 허물어진 房도 한 간 실려서
잉잉대는데
차마 우지는 못하고
빈 자루처럼 나는 쏟아졌다오

새벽녘 문 열고 이마 가실 때
눈 그치고 별 나오니
도라지 꽃밭처럼 이쁜 하늘은
귀밑머리 반짝이는 이쁜 새벽은
통증의 저승처럼 찬란했다오

石榴나무 곁을 지날 때는

지난 봄에는 石榴나무나 한 그루
심어 기르자고, 봄을 이겼다
내년이나 보리라 한 꽃이 문득 잎사귀 사이를 스며 나오고는 해서
그 앞에 함부로 앉기 미안하였다
꽃 아래는 모두 낭자한 빛으로 흘러 어디 담아둘 수 없는 것이 아깝기도 했음을,
그 욕심이, 내 숨결에도 지장을 좀 주었을 듯

그중 다섯이 열매가 되었는데,
열매는 내 드나드는 쪽으로 가시 달린 가지들을 조금씩 휘어 내리는 게 아닌가
그래 어느 날부터인가 석류나무 곁을 지날 때는
옷깃을 여미지 않으면 안 되게 되었는데
오늘 아침에는 그중 하나가 깨어진 채 매달려 있는 것이었다

……안팎을 다해서 저렇게 깨어진 뒤라야 완성이라

는 것이, 위안인, 아침이었다
    그 곁을 지나며 옷깃을 여미는 자세였다는 사실은 다행한 일이었으니
    스스로 깨어지는 거룩을 생각해보는 아침이었다

목돈

책을 내기로 하고 300만 원을 받았다
마누라 몰래 주머니에 넣고 다닌다
어머니의 임대 아파트 보증금으로 넣어 월세를 줄여드릴 것인가,
말하자면 어머니 밤 기도의 목록 하나를 덜어드릴 것인가
그렇게 할 것인가 이 목돈을,
깨서 애인과 거나히 술을 우선 먹을 것인가 잠자리를 가질 것인가
돈은 주머니 속에서 바싹바싹 말라간다
이틀이 가고 일주일이 가고 돈봉투 끝이 나달거리고
호기롭게 취한 날도 집으로 돌아오며 뒷주머니의 단추를 확인하고
다음 날 아침에도 잘 있나, 그럴 성싶지 않은 성기처럼 더듬어 만져보고
잊어버릴까 어디 책갈피 같은 데에 넣어두지도 않고,
대통령 경선이며 씨가 말라가는 팔레스타인 민족을 텔레비전 화면으로

바라보면서도 주머니에 손을 넣어 꼭 쥐고 있는
내 정신의 어여쁜 빤쓰 같은 이 300만 원을,
나의 좁은 문장으로는 근사히 비유하기도 힘든
이 목돈을 나는 어떻게 할 것인가

평소의 내 경제관으론 목돈이라면 당연히 땅에 투기해야 하지만
거기엔 턱도 없는 일, 허물어 술을 먹기에도 이미 혈기가 모자라
황홀히 황홀히 그저 방황하는,
주머니 속에서, 가슴속에서
방문객 앞에 엉겁결에 말아쥔 애인의 빤쓰 같은
이 목돈은 날마다 땀에 절어간다

시인은

시인은 시를 근심할 뿐이다
정치를 근심한 이후에도
정치는 저희들의 똥을 뭉개고 저희들끼리 헹가래를 친다
시인은 정치를 근심하기 이전에 이미 정치가이므로
시를 근심할 뿐이다

시인은 시를 行爲할 뿐
깨진 환경을 근심하는 동안에도 여전히 샛강은 썩고 소는 비닐을 낳는다
근심할 시간이 없을 때
근심을 뚫고 즉각 행위여야 하므로
시 이전에 이미 행위여야 하므로

시인은 스스로를 근심할 뿐
자신의 무지와 우둔과 속됨과 거지 근성을 근심할 뿐
시가 시가 아닌 것을 노닥거릴 때
시가 사랑이 아닌 것을 노닥거릴 때

단 것을 먹어 이가 삭듯
기교도 없이 노닥거릴 때
이미 치욕은 아픈 목구멍을 지지라고 뜨거워진다

시는 이미 무위를 넘어가는 행위여야 했으므로
행위를 넘어가는 무위여야 하므로
깨지는 얼음장 위를 달려서 너에게로 가는
全速力이어야 하므로

다시 오동꽃

어떤 가지들은 하늘을
얽어놓았다 半달이
질려서 떴다
꽃은 달이 밟아가는 음계처럼
보라로
보라로
달렸다

납물 같은
납물 같은
납물 같은
저녁이 온다
저녁 바람이 분다
배가 고프다
내 생애보다도 훨씬 오래인 설움 같은 평화다
오동꽃보라가 진다

누가 이 평화를 쓸어낼 수 있을 것인가

이 짓씹은 입술들의 낙화를 쓸어서
저 새로 생긴 달을 키워낼 것인가

달은 한 음계를 더 딛어서
오동나무를 벗어나고
밤이 된다

이 생애는 악기가 될 것이다
나는 오동꽃처럼 떨어진다

봄밤에

개가 짖는다
처음엔 두부장수를 짖고
오토바이를 짖고 이어서
발소리들도 짖는다
밤새 개가 짖는다
들이닥친 봄밤이 낯선 모양이다
앵두꽃과
쑥스러운 상주처럼 비켜서서 피어 있는 목련을 짖고 또
늦게 피는 복사꽃을 짖는 게로구나
개가 짖는다
개가 짖을 때
개가 봄밤을 짖을 때
나도 그 개 짖는 소리의
정 가운데 앉아보자
단정히, 매우 드문 일이지만
단정을 가장하고라도 단정히 앉아보자

나는 한없이 작게 흔들리다가

갑자기 열린 문 앞의 촛불처럼 바람에 휘몰리면서
그만 획, 단 1초도 견디지 못하고
무명실 같은 연기를 등에 꽂고
사라질 것만 같다
나는 내가 한없이 낯설고
나는 내가 한없이 부끄럽고
나는 내가 한없이 가엾다
앵두꽃보다도 작은 지혜도 없이
앵두꽃보다도 작은 미련도 없이
부끄러움마저도 온전히 바라보지 못한 채,
단 1초도 견디지 못한 채,

稚拙堂記

 이젠 잠자리에 들어서도 반성이랄 것도 없이 그냥 배가 부르면 배가 부른 채로 부른 배가 부른 잠을 그대로 받아 안는다.

 올해도 몇 그루의 나무들을 사다가 차례도 질서도 없이 계단 앞에 묻어 본다. 사과나무, 배나무, 불두화, 석류, 매화, 넝쿨장미…… 모두가 살아난다면 이 좁은 마당은 얼마나 치졸해질까? 그러나 그 치졸을 나는 즐기련다.

 속물은 할 수 없다. 잠 속에도 이것저것을 묻어둔 모양이다. 어떤 때는 여자가 보이고 또 어떤 때는 돈다발이 보이기도 한다, 안팎 빨갱이가 있다더니 안팎 속물들과도 별 수 없이 어울리고, 웃고, 거래한다, 뭐 좀 서로 속여보자는 속셈이다. 이름자라도 팔고 돈냥이라도 좀 얻어먹어보자는 속셈이다, 참, 차례도 질서도 없이 피어나는 잠 속의 종이꽃들.

이젠 잠이 깨어서도 막막함이 없다. 막막하기 전에 신문지를 찾고 막막하기 전에 마당에 심은 치졸들을 들여다보고 막막하기 전에 시를 읽는다, 시를 읽는다, 막막하기 전에 강의를 듣고 막막하기 전에 뭐 또 가르칠 만한 게 있다고 학생들 앞에까지 나선다, 막막하기 전에 술을 마신다, 막막하기 전에 취하고, 막막하기 전에 잠을 부른다, 배가 불러도 반성이랄 것도 없다, 부른 배가 부른 잠을 그대로 받아 안는다.

　멀리서 호오이 호오이 밤새가 운다. 저것이 비명이란 것도 모르고 나는 잠을 자고 있었구나,

산에 사는 작은 새여

감꽃이 나왔다
신문을 접고 감꽃을 본다
참 먼 길을 온 거다
벽에 걸린 달력 옛그림엔 말 씻는 늙은이 진지하고
살찐 말은 지그시 눈 감았다
어디서 나비라도 한 마리 날아와라
날아와서 말 끌고 가라
성 밖 막다른 골목 어귀에 자리 잡고 살지만
번거롭다, 밥이나 먹고 사는 일이야 간단할 것인데
이 눈치 저 눈치 며칠째 이 小市民을 얽어맸다
나비라도 한 마리 훨훨훨훨훨 지나가라
내 말 끌고 가라, 아무 말 하고 싶지 않다
사람 소리 드문 산속으로나 들어갈까?
그러나 거기는 세상을 엿본 자나 들어갈 수 있는 곳!
세상을 관통한 자만이 들어가 피빨래를 해서 들꽃으로
들꽃으로 낭자히 널어놓는 곳!
지난해엔 「산유화」를 읽으며 잘 살았지

산에 사는 작은 새여,
지금도 꽃 피고 꽃 지는가?
지금도 지금도 꽃 피고 꽃 지는가?

빗물이고 잠이고 축대인

가을 오후
가장 낮은 자리의 은행잎에 빛이 들 때
침 삼키고
반은 빛이고 나머지는 잎인
그 시간을 나도 언젠가
살은 듯도 해
살은 듯도 해

내 살에 안개, 건초, 어떤 여명, 싸리꽃, 설계도,
도토리묵의 그 감촉 같은 것이 닿았을 때
이 지구의 저쪽 편에서
어떤 꼬마가 새가 운다고 또는 꽃이 젖는다고
길이 꼬부라졌다고
철공소에서 쇠가 녹는다고
처음으로 시를 습작하기 시작했을는지 모르지
하여튼 그러하였을 것만 같다

숨어서들 그러하였겠지만

가을에 우는 사람이 많은 건 자명한 일
여름보다도 봄보다도 또
가을보다도 더 많아지는 건 자명한 일
빗물이고 잠이고 축대인 겨울까진
많은 별똥들이 떨어진다
별보다도 더 많은 별똥들이
가을보다도 더 많은 가을들이
떨어지듯이

옛 친구들

  근 십 년이나 못 만난 친구가 있다는 것은, 그래 그것은
  나이도 나이지만 새것이 되어 서 있는 가을 나무 아래 오래 앉아 있게 만든다
  간혹 물든 잎들이 떨어지는 각도를 손바닥을 펴서 받아든다
  만난지 십 년이 넘은 친구를 만나서 나는 이 낙엽의 각도를
  십 년간 키워온 나의 사상이라고 말해주련다
  나의 사상, 나뭇잎이 떨어지는 각도를 알아차렸다는 것은 위대하다
  지난 봄에도 몇 개의 묘목들을 사다가 수돗물을 뿌리면서 계단 아래 흙에 묻었었다
  나의 사상,
  계단을 오르내리며
  오르고 내리는 것의 섭리를 생각한다
  국제 정세와 남북경협을 생각하기도 한다 위대한 진리인 미국을 생각하고 죽었다 깨어나도 미국을 이길

수 없다는 것에 대해 생각하고 굴복하는 방법에 대해서, 끽 소리 나지 않게 우아하게 굴복하는 방법에 대해 생각하고 목숨은 그래도 끝까지 부지하는 것이 지혜라고 생각하고 생각한다 모든 것에 찍 소리 나지 않게 나를 단속하고 간혹은 딴청을 부려야 한다는 기교까지 생각한다

  오랜만에 만난 또 한 친구는 영업을 하려 든다

  물이 중요하다고, 요는 정수기를 들이라는 친구가 있고

  낡은 차를 바꾸라는 친구가 있다

  신문에서 두어 번 보았노라고 대뜸 술을 사라고

  그 돈을 다 어디에 쓰느냐고 정치인 취급을 하는 친구가 있다

  어떤 친구는 과거를 험담한다

  나의 정직은 과거에도 있지 않고 현재에도, 미래에도 있지 않다

  나의 정직은 모든 시간 속에 長江萬里와도 같이 유유하다

유유한 시간 속의 정직을 나뭇잎이 떨어지는 각도는
아름답게 수식한다 나는 저 수식이 좋구나
나는 이 가을 나무 아래 더 앉아 있다가
더 오래 앉아 있다가 불이 켜지는 서울을 내려다보며
더, 더 앉아 있다가
이 나뭇잎이 수북이 한 인간을 다 덮을 수도 있다는
사실에 놀란다
나뭇잎이 어깨를 친다는 사실에도 놀란다
나무들이 어둠 속에서 점점 새롭게, 새롭게 서고
있다
저 정직이 오랜 우정이라고 나는
아무에게도 말하진 않겠다
귀는 얼고

팔당을 지나며

애인의 발가락을 입에 넣어
쪽쪽쪽쪽 빨아먹는 소리라니까?
부처나 예수나 그런 분들도
손가락 깨물며 감탄할 어여쁨이라니까?
팔당 여울 오른쪽 겨드랑에 넣으며 만나는,
여울에 큰 집 올려 짓는 오전 아오
열 시 햇빛들은 애인의 명치 아래
쑥뜸 자국 아래 동그란 배를
쪽쪽쪽쪽 빨아먹는 소리라니까?
그게 바로 신봉할
思想이라니까?

물빛은 비로소 팔랑이고 간사하고 뒤척임이 빠르다
빛의 흐름을 압도하며 쏟아져온다
빛을 압도하며 오는
思想은 저래야 한다니까?

내일도 마당을 깨겠다

어두워졌다
덧창 닫기 전
창변의 매화 盆, 蘭 나란히 어두워진 것
보았다 하나는 잎 몇 남았고
하나는 여전히 온몸이 시퍼런 잎들이다
나에게도 온몸 시퍼런 사랑이 있고
잎 다 버린 환한 죽음이 있고
후회가 있고
여전히 싸움이 있고

콘크리트 마당을 깨다가
지쳐 올라와
뻐근한 손으로 책장 몇 넘기다
끝내 잠이 든 사이였다 잠결에 아이처럼
새로 사온 신발을 꺼내 신어보고
깨어났다
꿈이 아니었다
저문 것이다

달던 창 걸기 전에
줄에 엉켜 소리나지 않던
처마 끝 風磬
맨발인 채 가위 들고 올라가
풀어주었다

바깥 소식 간혹 들린다
"새 신 신고 여기
안으로
와."

내일 다시 나가 마당을 깨겠다

절벽

바다엘 가네

꽃 진 꽃밭
당긴 소매 끝으로 지우고
일어설 만하네

바다엘 가네

흰 돌 삶아먹고 사는 이 그려*
서른 번도 세고
아흔 번도 세는
파도 소리

그래서는
눈에 머금던 꽃 빛들
다 풀어주리

바다에

바다엘 가네
하늘 끝 청명하네

* '돌을 삶아 먹는 이'는 당나라 위응물(韋應物)의 것이다.

폭설
— 山居

 밤사이 폭설이 내려서 소나무 가지가 찢어지는 소리
 폭설이 끊임없이 아무 소리 없이 피가 새듯 내려서 오래 묵은 소나무 가지가 찢어져 꺾이는 소리, 비명을 치며
 꺾이는 소리, 한도 없이 부드러웁게 어둠 한 켠을 갉으며 눈은 내려서 시내도 집도 인정도 가리지 않고 비닐하우스도 폭도도 바다도 길도 가리지 않고 아주 조그만 눈송이들이 내려서 소나무 가지에도 앉아
 부드러움이 저렇게 무겁게 쌓여서
 부드러움이 저렇게 천근 만근이 되어
 소나무 가지를 으깨듯 찢는 소리를
 무엇이든 한번쯤 견디어본 사람이라면 미간에 골이 질,
 창자를 휘돌아치는
 저 소리를
 내 생애의 골짜기마다에는 두어야겠다

 사랑이 저렇듯 깊어서, 깊고 깊어서

우리를 찢어놓는 것을
부드럽고 아름다운 사랑이 소리도 없이 깊어서
나와 이웃과 나라가 모두, 인류가
사랑 아래 덮인다
하나씩 하나씩
한 켜씩 한 켜씩 한 켜씩
한 자씩 두 자씩 쌓여서
더 이상 휠 수 없고 더 이상 내려놓을 수 없고 버틸 수 없어서 꺾어질 때, 찢어질 때, 부러지고 으깨어질 때 그 비명을 우리는 사랑의 속삭임이라고 부르자

사랑에 찢기기 전에 꿈꾸고
사랑에 찢기기 전에 꿈으로 달려가고
찢기기 전에 숨는 굴뚝새가 되어서
속삭임들을 듣는다
이 사랑의 방법을 나는 이제야 눈치 채고
이제야 혼자 웃는다

눈은 무릎을, 허리를 차오르고 있다
눈은 가슴께에 차오른다
한없이 눈은, 소리도 없이 눈은
겨울보다도 더 많이 내려 쌓인다
오, 사랑이란
저러한 大寂의 이력서다

고양이풀에 물 주다

 직장의 창가 화분 하나에 고양이풀이 돋아나서 겨울을 난다. 겨울에도 발그스레하게 물만 주면 깔깔댄다. 저년이! 하면 또 깔깔댄다. 물 준 지 오래면 다 죽은 듯 풀어헤쳐져서 늘어지지만 물 주면 두어 시간이 가지 않아 다시 일어선다. 불굴의 애교다. 곁의 화분으로도 옮겨가는 것 본다. 받침 접시 넘치게 물 주어 걸레로 닦으며 많이 준 것 참 드물게 후회 없다.

새벽길

새벽길은 어둠 속에서 뛰어나온다
있는 힘 다해서 뛰어나온다
질주, 한때 사랑의 다른 이름이었던 것
그러나 역시 사랑보다는 느린
질주,

내가 이렇게 새벽에 깨어나
파리한 정신으로 거리를 바라보는 것도
또 손등을 쏟아져나간 손가락들을 바라보는 것도
어둠을 뛰쳐나오는 새벽길의 저 대견을 보기 위해서인가?

욕망이 빠져나가버린 육체의 적막을
사랑이 빠져나가버린 정신의 적막을
이미 그 얼굴이 빠져나가버린 기다림의 적막을
그리고 또 별들이 빠져나가버린 동편 하늘을
어지간히 익힐 때 비로소
새벽길은 거리를 지나 불빛을 지나

들판에 닿아 쉬일 것이다
산모퉁이에 닿아 쉴 것이다
사랑이 그이의 몸속에서 쉬듯이

계단 옮기기

   1

계단을 부수어
하늘로도 가던 길이
저녁으로부터도 내려오던 길이 사라진 것이었다
獨樂의 어느 누각이었다면
안개 짙은 어느 아침녘이
계단도 되었겠지만
우유도 신문도 올라오고 묵은 김장 김치 웃모가지를
양파 껍질과 함께 담은 쓰레기봉투도 내려가는,
난간이 요긴한 계단이었으므로
세상의 길은 잠시 사라진 것이었다
계단을 부수고 가설도 안 되어 잠시 길이 없는 동안
오, 나는 꽃처럼 피어났으니
그 悅樂을 모시는 법을
세상의 모든 꽃이 孤立임을
처음으로 배운 것이었다

2

계단이 있던 자리를 마당에 보태고
시멘트 가루를 내어 버리고 철근을 자르고
허공을 업어다 옮긴다
계단은 살구나무 아래서 시작된다
하늘을 깎아서 칸을 만들고
右로 꺾어 현관에 닿는다
허공을 걸어나가 左로 꺾어 지상에 닿는다
나는 갑자기 정객이 된 기분이다

3

옮긴 계단에 서면 나는 가뿐하다
모든 무게를 버린 듯
회고도 미래도 버린 듯, 춤도 버린 듯 가뿐하다

죽음도 숨고
봄도 숨고
이별도 숨고
하룻강아지도 숨는 계단
살구나무 아래로
계단을 옮기고 나는
꿈보다는 정치를
시보다는 산문을
더 잘 할 듯이 가벼웁다

   4

계단,
집의 羽化
날 수 있다는 듯이
나의 정신까지도 바꾸려 든다

살구꽃 피어나면
다시 悅樂을 모실 수 있겠지
孤立을 모실 수 있겠지

벌판

여기서부터 저기까지가
여기서부터 저 너머까지가
여기서부터 저 끝까지가 벌판이야
여기서 눈 감은 이후까지가 벌판이야

새벽부터 아침까지가
새벽부터 저녁까지가
새벽부터 밤까지, 다시 새벽까지가 벌판이야
심장 꺼진 이후까지가 벌판이야

벌판,
벌판을 걸어서 오는
애기 하나
해를 먹고 달을 먹고 또 풀 밟아
맨발로 오는
애기 하나

어디서 본 듯

애기 하나

눈빛 하나
머리칼 하나
손톱 하나가 다 벌판이야
맴돌아 나는 새까지가 다
벌판이야
숨이야

비밀을 하나 말씀드리죠

밤새 벼락이 때리고 폭풍이 몰아치고 마치 어느, 역사와도 같이
밤을 다 부숴버리는 천둥이 쏟아지고 하였습니다.
다 어디서 몰려온 불한당들처럼 그 시간의 손님들은
담을 지나 큰길가를 지나 씨앗처럼 작아져서는 사라졌습니다.
그리하여 화창하니 밝아진 것 보자니 아무래도 나는 숨겨둔 비밀을 하나쯤 말씀드리고 싶죠.
내게 애인이 생겼죠.
손을 잡으면 손가락들이 하나씩 사라지고 마침내 그 자리가 그만 꽃송이가 되는 애인 말이죠.
어깨를 감싸 안으면 하늘에선 하늘의 이삭들이 패죠.
아무 때나 이런 비밀을 말하진 않죠.
계곡을 뒤집던 흙탕물도 맑아져서 계곡을 다 싣고 계곡 위의 하늘까지를 싣고 내려가는 그런 태평한 날이어야 하죠.
비밀을 하나 말씀드리죠.
애인이 생겼다는 얘기죠.

애인은 가끔 비밀을 빠져나와 새벽별이 되는 게 흠이죠.

이미 아실 분들은 아셨겠지만 애인만도 아닌 애인이죠.

나아가는 맛

  노무현이 된다고 생각할 수 없었을 때, 현실을 좀 아는 사람 치고
  김대중이 된다고 생각할 수 없었을 때도 자주 국밥집에 앉아 있곤 했다
  노태우가 되면 안 된다고 생각할 때도, 김영삼이 되면 안 된다고 생각할 때도 그랬다
  국밥에 코를 박고 허연 기름 국물에 머리카락을 적시며
  좀 나아가는 맛이 있어야 한다고 친구는 말한다 나는 손가락으로
  탁자 위로 미끄러진 비곗덩이를 얼른 입에 집어넣고 손가락을 빨고 설컹설컹 씹으며
  그래 나아가는 맛, 국밥의 이 나아가는 맛,
  나아가는 맛, 정치적 용어로는 *進步*, 나아가는 맛, 기껏
  콜라나 피자로밖에 할 수 없는 이 진보, 다른 말로는, 나아가는 맛,
  한없이 나아가도 한없이 모자랄 것 같은

이 나아가는 맛,
　삼선시장 순댓국밥집의 길거리로 낸
　주방의 진보,
　쓰레기통의 악취를 덮어놓는
　신문지의 진보,
　돼지 대가리의 코를 베고 귀때기를 베고 혀를 잘라서 국밥에 넣듯이
　나아가는 맛,
　시 치고는 참으로 진부한
　이 나아가는 맛,

　버들가지가 지난 겨울의 구태를 벗고 서서 시언허게 휜다
　저렇게 나아가는 맛

亭子 1

내게 정자가 하나 있다 무엇보다
여편네와 싸워서 이긴 거지만
전위를 말하는 촌스런 시들로부터
현학의 무지한 시들로부터
정치를 외면한 가여운 隱逸로부터 싸워 이긴
빛나는 승리다

모든 승리의 보답은 수려하다
승리의 보답은 고적하다
고적은 영하 삼십 도를 견디고 고적은
섭씨 삼십 도를 견딘다
오, 육십 도가 넘는 진폭 아래 정자는 의연하다

짜개진 달이 뜬다
바람을 검문하다 밀리는 시퍼런 버드나무 아래
바늘방석처럼 퍼지는 물소리

촌스런 시들보다도 더

속이 뻔한 시와
끓어오르기보다는, 치솟기보다는
폭포와 같은 추락보다는
계산된 사랑과 농월과 음풍을
다시 읊조리기 위하여
조그만 가책마저도 지참한 나의 소풍은
오늘도 정자로 향한다

亭子 2

이리 온,
이리 온,

나는 원래 정치를 해야 했지만
구름을 보고 있다

이리 온,

　五帶山 月精寺 길 걸어나오면서 왜 미합중국을 생각했을까 저만큼, 저 전나무 숲만큼 깊고 아름답고 컴컴하고 두렵고 부들부들 떨리고 눈감아버리고 단 한 번의 도약으로 넘어버리고 싶은 나라, 진리의 나라 그래서 直觀할 수밖에는 없는 나라라는 생각을 나는 왜 하필 一行에서 떨어져 나와 혼자 월정사 숲길을 걸어 나오면서 곱씹어야 했을까 그곳이 무슨 요세미티라도 되었단 말인가?

　세상의 지고지선이 정치에 있다는 깨달음은

가장 뒤늦게 들어맞는 서글픔

정치가 파멸을 낳고 또 정치를 낳듯
이미 맛본 서글픔 뒤에 다시 오는 서글픔

사람의 일생은 大略 몇 개의 댓돌을 가졌는가?
그 위에 지붕을 올림에 부족함이 없도록

이리 온,
이리 온,

작약꽃, 뒤
흰 바위돌도 이리로 온,

亭子 3

연못 속에 처박혀 구긴 정자에 들락거리며
구름은, 집달리처럼 구름은
다 불어 터진 서글픔들을 조금씩 꺼내다가

노을도 만들고, 잠기면
흩어진 별로도 만들고, 잠기면
지나가는 불빛으로도 만들고, 잠기면
모두 건져
네 귀퉁이 주춧돌만 풀에 덮어놓을 것이다
초인이 오기까지 돌들은 저희끼리 정다울 것이다

방을 깨다

날이 맑다
어떤 맑음은
비참을 낳는다

나의 비참은
방을 깨놓고 그 참담을 바라보는 데 있는 것이 아니라
그 광경이, 무엇인가에 비유되려 한다고 생각하는 순간 몰려온 것이다
너무 많은 얼굴과 너무 많은 청춘과 너무 많은 정치와 너무 많은 거리가 폭우처럼 쏟아져 들어오는 것이다
무엇보다도 밝게 밝게 나의 모습이, 속물근성이, 흙탕물이 맑은 골짜기를 쏟아져 나오듯

그러고도
나의 비참은 또 다른 지하 방을 수리하기 위해 벽을 부수고 썩은 바닥을 깨쳐 들추고 터진 하수도와 막창처럼 드러난 보일러 비닐 엑셀 선의 광경과 유래를 알 수 없는 얼룩들과 악취들이 아니고

해머를 잠시 놓고 앉은 아득한 순간 찾아왔던 것이다
그 참담이 한꺼번에 고요히 낡은 깨달음의 話頭가 되려 한다는, 사랑도, 꿈도, 섹스도, 온갖 소문과 모함과 죽음, 저주까지도 너무 쉽게, 무엇보다 나의 거창한 無知까지도 너무 쉽게 깨달음이 되려 한다는 것이다 나의 비참은,

나의 두 다리는 아프고
어깨는 무너진다

방바닥을 깨고 모든
堅固를 깨야 한다는 예술 수업의 이론이 이미 낡았다는
시간의 황홀을 맛보는
비참이 있었다

아직도 먼 봄, 이미 아프다
나의 방은 그 봄을 닮았다

나의 비참은 그토록 황홀하다

흰 꽃

꽃 핀 배나무 아래

나이 어린 돌들과 앉아

'너는 희구나'
'너는 희구나'

앉아

'너는 희구나'

그렇게 희고
또 희고도
정신 놓지 않고
허튼 흰빛 하나 없이
다섯 살에 깨친 글자들처럼
발등에도, 발톱 위에도 놓아보는
흰 꽃,

흰 꽃

잎

어여쁘고 어여쁘도다
숨도 몇 번은 크게 내쉬어 눌러서야
가지런해지던 지난
봄 이야기야 하여서 무엇 하리
무엇 해! 너와 처음 손잡던 그 햇빛을

그래도 한 번은 더! 새로 보는 추억처럼
어여쁘고 어여뻤어라
새 잎 날 때
저 떡갈나무, 느티들

어여쁨이 초록이 되어 시간의 시퍼런 여울일 때
그 그늘의 淸談을 잊을 수는 없어라
그렇지, 그렇지 하던
입술과 齒列들
하긴 연두를 이긴 말들이라니!

헌데 지금 마당가에 앉아

그렇지 않아,
그렇지 않아 하며 쓸리는
나뭇잎들
내 두 귀마저 떨어뜨려서는
마당에 주고 나서
한참 만에야 트이는 明悟

"그렇지,
그렇지 않지."

나의 奢侈

거문고라는 짐승을 하나 입수하여
왼쪽 벗은 발목 위에 걸쳐놓고서
나의 사치는 완성되려 하고 있다
당— 하고 한 번 때리고
덩— 하고 받는다
문밖 뜰에선 사철나무들이 자라 오른다
당— 하고 또 덩— 하는 사이
완고한 성벽 위로 2월 윤달이 뜬다
作爲라고는 없는 달이
作爲와 作爲 위로 가볍고 가볍다
上部가 조금 이지러져서
제 사치를 완성한, 열 이레 달
사치에도 最高엔 겸손이 있다는 눈치를
나는 받아들이기로 한다
나의 사치는 감추고 감추어도
치졸하고 치졸하다
치졸은 가끔 연애에 닿는 문법이지만
극에 달하지 못하여

사랑에 닿지 못하고
열 이레 달이 되지 못한다
새로 난 다리〔橋〕를 건너다니듯
깨달음이 없고
갈구가 없고
종말이 없다
사랑은 얼마만큼 먼가?
강 건너 저 불빛만큼 먼가?
저토록이나 먼가?
줄을 내리쳐서 소리들을 털어버리고 나면 또다시
停止가 오고
맥박이 오고 또 停止가 온다
지금, 감격은 겨우겨우 완성하는 停止
사치에도 정지가 있다는 눈치를
나는 울면서 울면서
받아들이기로 한다

눈 녹아
── 山居

눈 녹아 털썩, 하고 떨어지는 소리로
내 심장이 무얼 하다가 들켜서는
먼 데를 한 번 본다네
붉은 노을,
무얼 하다 들켜서는
急速히 急速히 젖어 들어가네
壯大하게
붉어 들어가네 검붉게
어두워 들어가네

장대한 결빙이 조금씩
일 밀리씩 일 센티씩
해빙을 반복하는
三月 산골짜기에 나의
마흔 살이 일 밀리씩 일 밀리씩 반복되면서
마흔 살이 된다네
눈 녹아 털썩, 子正이 될 때
두 다리 펴고 누워볼까?

완성된 공화국을 볼까?
이불 밖에 나온 발목을 볼까?
눈 녹아 털썩, 떨어지는 소리에
믿음은 무얼 하다 들켜서는 마흔 너머,
공화국 너머
먼 데를 한 번 더 본다네

산기슭에서
── 山居

바람은 저 등성이를 넘어
저 등성이를 후드득이며 뛰어넘어
기슭을 깊이깊이 몰아넣으면서
아끼던 고백의 밑자리보다도 더 더 깊이 몰아넣으면서
바람은 무시무시하군 바람은
등성이를 훑는 소리 그러나

처마에 매단 풍경, 조그만 아픔보다도 더 작게
손톱 밑의 빼내지 못한 가시의 신음보다도 더 자그마하게 몇 번
바람의 구경꾼, 독립 운동의 구경꾼, 혁명의 구경꾼, 제10공화국, 11공화국의 구경꾼보다도 더 심드렁하게
뗑그랑 뗑그랑 두어 번 한다
개도 짖지 않는 저 무지막지한 맨발인
바람떼

죽은 아버지 죽은 할아버지, 그 속에 있었던
7代까지나 올라가는 섬으로 간 할아버지,
그 전 조상이라고 더 나았을까만
오죽잖은 개인사를 넘어서
오, 바람떼

이 산기슭에
전기장판을 뜨끈뜨끈히 깔고는 새벽녘 등성이를 훑어가는 바람 소리를,
눈보라 그치고 별 나와 간절히 性이 찾아온 새벽에
바람 소리를,
저 산등성이의 것만은 아닌 듯
저 윗골짜구니의 것만은 아닌 듯 나는 사타구니를 움켜쥐고서
바람 소리를,
그래도 이 기슭까지 휘두르지는 않는구나 안심하면서
나는 사랑의 눈동자를 본다
바람떼 속

사랑의 눈동자를 본다
우물까지도 언 어느 겨울날 어머니 기명통 속 탁한 물 속에서 보았던 그
사랑의 눈동자

오 눈동자 속 明堂의 이 초조가 나는 좋구나
좋구나,
뗑그렁 뗑그렁
明堂의 이 심드렁이 나는
좋구나

耳鳴을 따라서

무엇하러 나는 벌써 여기까지 온 건가
시퍼렇게 번져오는 새벽 유리창을 쳐다보다 나는
내 귀에 살고 있는 耳鳴을 따라나서기로 한다
깨어 있는 새벽에만 오는 손님이기에
멀리서 온 손님이기에 나는
조급하다 그것은 미숙한 사랑이다
조급한 손길, 떠는 음성, 그리고 조급한 구애 직전의
아슬아슬한 망설임
얼음보다 더 차가운 연못 물 같은 절제
늦추위에, 일찍 꽃망울 맺은 나무의 가지들은
몰래 밭은기침을 한 말〔斗〕이나 쏟아낸 듯 새파랗다
耳鳴은 조용히 조용히 방문을 열고
계단을 내려가고 뜰을 나선다
그리고 저 조급의 풍경을 지나서 나를 끌고는
팔당으로도 가는 듯 또는 새벽 순댓국집으로 가는 듯
그러나 나는 좀 근사한 도둑이라도 되어서
물욕을 버리고 싶지 않고
성욕을 버리고 싶지 않고

정치를 버리고 싶지 않다
무엇보다 너를 버리고 싶지 않다
너,
너,
너,
너,
너, 너,

육신을 끌고 육신 밖으로 나가는 길을
나는 배운 바 없어
육신을 끌고 육신 안을 떠돌 뿐
복숭아가 복숭아를 끌고 복숭아를 떠돌 뿐
마당이 마당을 끌고 마당을 헤맬 뿐
밀물이 밀물을 이끌고 썰물을 헤맬 뿐

새벽 별빛은 점점 옅어진다
조금씩 핏기가 가시는 마흔
耳鳴은 나를 데려다가 오래 깨인

창백을 보여주려는 듯
하지만 나는 눈감을 수 없다
차가운 꽃나무도 어떤 耳鳴을 따라온 거겠지
사랑의 조급을 따라온 거겠지
그러나 지금은
망설임의 시절!
얼음보다 더 차가운 연못 물 같은 절제!
육신을 끌고 육신 밖으로 나가는 길을
배운 바 없어 나는
배운 바가 없어 耳鳴 끝으로 다시
돌아오고
돌아온다

惻隱을 대하고

피누더기가 되어 늘어진
어미 개의 뱃구레를
어쩌다 나는 봄 야윈 볕 아래
살펴보게 되었던 것인데
울컥 가슴이 미어진 것은
나의 어디에 무슨 惻隱이 있던 것인가

쉬지 않고 허공을 지지는 변압기의 소리 같은 것이
 정수리를 타고 내려 등골 지나 발바닥 밑으로 내려
간다
 닫힌 청각을 지져대는
 이 어미의 굴곡진 숨소리 곁에
 소리 내어 울 수 없는 이
 측은을 대하고 나는 당황한다
 쉽사리 어머니를 떠올릴 수 없고
 모성 같은 것 떠올릴 수 없고
 좀더 손쉽게 순리를, 희생을 떠올릴 수 없고
 이 측은이 나의 적은 아닌가

적은 아닌가
거창한 장애는 아닌가

이 측은을 대하고 나는
빛보다도 더 빨리 어머니를 다녀왔으며
순리를 다녀왔으며 그보다 더 간단히
치받던 울음까지를 다녀왔던 것인데
이 簡單이 나의 적은 아닌가
죄는 아닌가

어느새 어미 개는 새끼들에게 잡혀 뜯어 먹히고 있다
나는 근심의 몇 길 아래까지 뻗친 그 눈빛에
아스라이 밧줄을 타고 내려간다
위태롭게 위태롭게
더 위태롭게,

발을 털며
— 山居

탁탁탁탁탁 눈 녹은 진창을 건너와서 발을 털며
내가 밟고 온 길을 돌아본다
깊이 들어간 데,
미끄러진 데,
아주 빠져버린 데,
흙물이 고인 데,
신발의 상표마저도 찍힌 데,
그러한 데를 돌아보면
내 것만은 아닌 자국도 있으니
얼른 지워졌으면 하는 부끄러운 미끄러짐도
오래 굳어 있어도 좋을 허방도 있으니
발을 털면서도 허방에서 건져온 웃음기 몇은
하늘로 곧장 가는 물건이라 해서 죄 될 것 없으리
가벼워진 나는 우선은 무엇을 할 것인가?
그 웃음기의 보람을 양 겨드랑이에 끼고서는
흰, 자주 연꽃 모양으로 좀 솟아볼 것인가?
연애를 만날 때의 그 허방의 보람처럼?

장마

벽에서 얼룩 하나 걸어 나오신다
벽에서 얼룩 한 벌 걸어 나오신다
벽에서 얼룩 한 분 걸어 나오신다
펄럭이는 얼굴과 쏟아진 소매
속에 모아 쥔 손,
속에 예쁘디예쁜, 웃음으로 싸맨 울음 한 움큼
얼룩 한 채 걸어 나오신다

작년, 재작년의
모란꽃 속을 황홀하게 걷던 영광
너무 컸던지
다 젖은 얼굴 펄럭이며 오신다
신발 머리에 이고 오신다*
신발 머리에 이고 오신다

* 趙州선사.

감나무 곁에 살면서

 도대체 몇 해나 된 줄 모를 감나무 한 주가 내 생활의 南쪽 方位를 지키고 있다

 올려다보면 폭포와도 같이 절벽도 쏟아지고 여름도 쏟아진다

 새는 번갈아 왔다 간다 간혹 오는 낯선 새는 무슨 소식인가? 쉬 알 수 없는 소식인데 새소리에 풀리는 하늘은 가에도 솔기 하나 없이 어떤 執念이라도 안스러이 받아주려는 듯 둥근 그늘로 깔린다

 밤이 더 깊어지지 않을 땐 차례로 풋감들 떨어진다 어떤 것은 또 굴러서 이승에 온 밤하늘의 발자취를 이룬다 놀라 귀가 솟는 나는 물려받기도 하고 덧보태기도 한 罪를 생각하기도 한다

 아무 소리 나지 않아 나가보면 감나무는 어둠을 모시고서 또 고요를 모시고서 아주 놓아버리고 싶은 것

도 참으면서 견디는 절벽이다

비단 有感

등짐장수 할아버지가 팔러 온
조용히 우리 집 툇마루에 펼친
생전 처음 비단을 만져보았을 때
그거 참 비단결이었어요
어른이 되어 종각 뒤쯤인가 주단 집을 지나게 되면
몇 폭쯤 사고 싶었어요
붉거나 푸르거나 좋겠구
흰 것도 좋겠구
어디에 쓰자는 것이기보다는
손등으로 쓸어보거나
모가지에도 감어보고
팔목 위에, 발등에 떨어뜨려 놓아보는 일
아주 보람 없지 않은 일로
하늘이 읽어주는 글이듯이
자비스런 소식이듯이
무모히 되풀이하여보는 것도
우습지만은 않은 일로

우리가 아주 지치지 않은 날이라도
마침 노을이 잦아드는 저녁을 만나면
노을이 읽어주는 西녘 하늘 저편의 소식을
무모히 쓰라리게 바라봐야 하듯이
온몸 온 맘에 물들여봐야 하듯이

窓을 내면 敵이 나타난다

國有 河川 부지 위의
나의 방
半地下의 눅눅한 방에서 옮겨갈
쾌적한 정신의 거처

  수리를 한다고 칸막이를 뜯어내고 南向으로 창을 내고자 인부를 불러 벽을 자르고 벽을 자루에 담으며 왜 여기 창이 없었을까 생각한다 그때 한 육십으로 진입할 듯한 여자가 나타났다

  "왜 이쪽으로 창을 내느냐, 내 집 마당에서 보이지 않느냐?" 얼토당토 않은 소리가 나타나 아직 문짝도 달지 않은 벽구멍을 나무란다 "다시 막아요 존말 할 때" 평생 한군데에만 투표했을 듯싶은 그 무서움. 구청에 전화를 걸고 규정을 묻고 당신 집과는 아무런 관계도 관련도 없다 하여도 막무가내다 나의 南向이, 쾌적한 정신이 내려다보이는 모양이다

먼지가 가라앉고 나자
바닥에 햇빛이 낭자하고
햇빛이 내 발등을 핥는다

여자가 가고 同時에 적이 나타났다
왜 나의 적은 이토록 매번 작은가?
붙잡을 수도 없이 작고 작은가?
同時에 또 하나의 적이 나타난다

싸우지 않을 수 없을 때
싸움은 거룩한 것인가?
작고 작은 싸움, 좁쌀만 한 싸움
싸우지 않을 수 없을 때
나의 정직은 서글프다
좁쌀만 한 정직
싸우지 않을 수 없을 때
개는 짖고
싸우지 않을 수 없을 때 원하던

確哲大悟는 까무라친다
싸우고 싶지 않아도
싸우지 않을 수 없을 때
깨우침은 오고 만다

창을 내면 적이 나타난다
창 앞에서 싸움은 꽃처럼 핀다
꽃처럼 꽃처럼
꽃처럼

생강나무 아래

생강나무 꽃 피면 그 아래 돌길로
땀 뻘뻘 흘리며 큰 항아리를 지게 지고 와서 앉았다
가는 사람이 있었다

항아리에 매달려 사뿐히
내려가는 사람이 있었다.

밤 강물
—— 加陽大橋 아래서

밤 江에 나가보는 심사를
同行의 어깨 위에 가만 손으로 얹어보면
下流까지 소리 없이
公平히 어둠 실은 강이다

밤 강물 곁에서 나는
어둠이며 어둠 위의 살림들인 가로의 불이며 하늘의 빛들 이고 내려가는
밤 강물 곁에서
늦게 본 맏이처럼 유순한
강물의 숨은 낯빛을
바로 보진 못하고
딴청으로만 걷고 있었다

망초꽃들이 작은 흰 낯으로 그의 소리를 듣고 있었다
망초꽃들이 골똘한, 그 낮고 우레한 소리 속에는
나의 발소리와 숨결의 어떤 것도 실리긴 할 것인데
그에 더하여 달라는 것이 있으니

이제 마흔이 된 울음을, 그만하게 가꾼 꽃밭을, 그도 아니면
　점잖은 失意라도 내놓으란 것을,
　나는 딴청으로만 걸어가고 있었다

　밤 강물은 두고 갈 수 없는 것인가?
　한 사나이는 여전히 강 곁을 걷고
　하는 수 없는 듯 또 한 사나이는 그를 두고 돌아가고 있었다
　소리 없이 公平히 下流까지
　새벽을 실은 강이다

복면을 하고

복면을 해야 해요
어서 저 빗소리도 복면을 해요
석류나무도 복면을 하고 자귀나무도 복면을 해요
불쑥 복면을 하고 나와 사랑한다 말을 해봐요
복면이 사랑의 기술
사랑의 얼굴을 자세히 봐요
복면이 사랑의 법칙
얼굴을 벗고 복면을 해요
저 해와 달도 음풍도 농월도
얼굴을 벗고 복면을 해요
여도 야도
얼굴을 벗고 복면을 해요

밤의 빗소리를 벗긴
번개여
너도 복면을 해
번개여
허물도 없이 적나라한

번개여

그렇다면,
그렇다면,
복면보다는 아주 자루에 넣어다오 포근히
포근히
자루 속에서
사랑을 속삭이게
그 환한 번개의 자루 속에서

시 읽던 바위
— 山居

들릴락 말락
바위, 웅얼대는 바위
오래전에 내게서 들은 시들을 외워주는 바위
너무 오래전에 들은 시인가?
잘 들리지 않고 웅얼웅얼대는 소리로만
외워주는 시
들리다, 알아들을 듯하다가도 이내
너무 오래전에 들어 가물가물한 듯
들리지 않는 시를 과식하였던 듯
곰곰 무거운 표정으로
나올 듯 나올 듯
그러나 이번엔 누가 들려주었는지
기억할 수 없는 것이 괴로운 듯
웅얼대는 바위
이끼 푸른
밑에는 질척하니 샘이 나는
바위

노란 농약 통을 멘 노인 한 분
산 아래 밭으로 사라졌다
오, '모단 보이'같이

城이 내게 되비쳐주는 저녁 빛은

동향집에서는 저녁 빛이 되비쳐온다
성의 화강암들 저녁 빛 받아 던진다
저녁에 동쪽으로도 석양은 찬란하다
호랑이 가죽 같은 빛깔들 깔려온 마당가에
죽은 강아지를 묻는다
동향집에서는 저녁 빛이 가슴께에서 빛난다

감잎 쓸면서

오늘 아침으로
감잎들 다 쏟아져
그쪽 유리창에 새소리 유난했구나

빗자루 세우고,
말이 더디다던 이웃의 아이에게
이 소리를 들려주고 싶다고 생각하였네

헌데
감잎 쓸고 나니 마당은
하늘로 다 가고 말았네

나는 그제야 말문도 귀도 트여
발등에 이파리들
다 떨어뜨리네

낮은 목소리

더 작은 목소리로
더 낮은 목소리로, 안 들려
더 작은 목소리로, 안 들려, 들리질 않아
더 작은 목소리로 말해줘
라일락 같은 소리로
모래 같은 소리로
풀잎으로 풀잎으로
모래로 모래로
바가지로 바가지로
숟가락으로 말해줘
더 작은 목소리로 말해줘
내 사랑, 더 낮은 소리로 말해줘
나의 귀는 좁고
나의 감정은 좁고
나의 꿈은 옹색해
큰 소리는 들리지 않는데
너의 목소린 너무 크고 크다

더더 낮고 작은 목소리로 들려줘
저 폭포와 같은 소리로,
천둥으로,
그 소리로

瀑布
— 곧은 소리는 곧은 소리를 부른다*

1

폭포는 아무 데나 있지 않다
폭포는 아무 데도 있지 않다
폭포는 고매한 절벽을 선호한 때문에
폭포는 그토록 急落을 사랑한 때문에
아무 데나 있지 않다

웃으며 웃으며
수수만년을 웃으며 망설임이라곤 없다
폭포는 한번 또 웃고
회고라고는 없다
오늘도 어제도 그 전전날도
회고라고는 없다 내일도 모레도 그 다음다음도
여전히 회고라고는 없이 회고이다 또 회고이고
혁명이고 회고이다 하여
승천이고 회고이다

2

혁명이 없으니 추락을 낳았지
또렷한 정신이 없으니 급박한 낙하를 낳았지
사랑이지 사랑이지
마지막
사랑을 낳았지

3

나는 폭포를 사랑하고
폭포보다는
폭포를 사랑한 이유를 더 사랑하고
그보다는 다시
폭포를, 폭포를 더더욱 사랑하고
절벽을 사랑하고

절벽 위의 절벽을 사랑하고
사랑의 낙차를
더 더 사랑하고

   4

폭포에
폭포에
무지개를 보았니?
보았니?
오, 무지개를 단
한없는 추락을 보았니?

폭포는 아무 데나 있지 않다.

* 김수영의 시 「폭포」에서.

편자 신은 연애

　겨울 나무여 내 발등을 한번 찧어볼래? 달빛아
　내 광대뼈를 한번 후려쳐볼래? 흐르다 멈춰버린 얼음장아 내 손톱을 한번 뽑아볼래?
　사랑아 낮에 켜진 가로등을 찾아내볼래? 기어코?

　저녁이 되자 길가의 소나무들이 어두운 이야기를 하기 시작한다 조상들에 대해서 이야기한다 그래 어쨌다는 거야? 하고 묻노라면 재빨리 이번엔 사랑한다고 수없이 말해주었다던 여인 이야기를 금방 돋는 별빛들도 좀 섞어 말한다 말한다 여전히 어두운 이야기지만 말한다…… 잊을 만하면 으르렁 으르렁대는 한밤의 보일러 소리

연못
— 山居

연못가에 앉아 있었다
연못가에 앉아 있었다
연못가에 앉아 있었다

바위와
바위와
구름과 구름과
바위와

손 씻고
낯 씻고
앉아 있었다

바람에
씻은 불처럼
앉아 있었다

연못은 혼자

꽃처럼 피었다 지네

三월이 오고

3월이 오고 또
저녁이 오네
열두 겹으로 사랑이 오네
물 이랑이 밀고 오는 것,
물 이랑이 이 江岸을 밀어서 내 앉은 자리를 밀어서
나를 제 어깨에 초록으로 앉히고는 밀어서 가는데
불이 한 점이 켜지고 또 꺼지고
목련이 정수리에서부터 피어 내려오는데
처음의 서늘한 입맞춤이 조금씩
더워지고 더워지고
3월이 오고 꽃밭마다
꽃이 와 앉고
잎이 솟고 솟고
열두 겹 사랑이 오네
조금 더 작아져서 살아갈 일을
우리는 이마에 물들이네
초록 이마로 물들이네

새 방에 들어 풍경을 매다니
―山居

풍경 소리는
어디를 돌고 온 이의 기별이다
하늘에 조그맣게 구멍을 내어 하늘 밖 어느 희밝은
기슭을 돌아보고 온 이의
기별이다

*

가난한 우리는 지금
엄동의 때를 기다리자
기러기가 날아가서 비로소 빈
하늘을 안아서
자꾸만 많이 안아서 엄동의 때를 기다리자
그리하여 우리는 어느 절벽에 달라붙은
언 폭포로라도 맺혀 있자
가난한 사랑은
그렇게라도 맺혀 이 오후의 빛이라도
머금어보자

바람 소리, 바람 소리, 바람의 소리, 또 바람의 소리
이 오후의 빛을 몸에 들여서
머금어보자
우리는 어디를 날고 또 어디를 흘러와 이렇게 멍울 지어 맺혀 있는 것인가
바람 소리 바람의 소리
섧기로소니

|해설|

'새로 생긴 저녁'
—— 죽음의 시늉에서 흉내와 딴청으로

김연수

 "국화꽃 그늘을 빌려/살다 갔구나 가을은"(「국화꽃 그늘을 빌려」, 『젖은 눈』)이라고 노래했을 때, 장석남의 나이는 아직 서른네 살이었다. 내 나이도 어언 서른다섯 살이 됐으니 이런 말도 나오는 것일 텐데, 그 시절의 그에게 인생은 잘 놀다가 나온 오후의 공원 같은 것이었다. 해가 높이 솟았다가 다시 그 빛이 이지러져 어두워지는 동안, 그 공원에는 "가여운 바람의 스산함"도 있고 "죽음의 시늉"도 있고 "살구나무에 놀러 온 하늘"도 있고 "설렘의 따스한 물무늬"도 있고, 간혹 가다가는 "눈썹달이거나 혹은/그 뒤에 숨긴 내/어여쁜 애인들"도 있었으니, 마침내 "더 자세히 봐도 이곳에 온 내 生에서/참을 만한 것은/연애를 잃은/슬픔 정도뿐이더군"(「밤의 窓邊」, 『젖은 눈』)이라는 멋진 헌사도 나왔던 셈이다.

이 시 「국화꽃 그늘을 빌려」가 실린 세번째 시집 『젖은 눈』에는 "무릎 펴고 일어나며"(「봉숭아를 심고」), 혹은 "그냥 뒤 보지 말자고 훌쩍 일어서며 무릎뼈 꺾어지는 소리를"(「西風賦」) 들으며, 그렇게 살다 가거나 놀다 가는 것들, 혹은 왔다 갔다 하는 것들을 바라보는 시들로 가득하다. 무릎을 일으켜 세운 서른네 살의 장석남은 가을이 국화꽃 그늘에서 빠져 나가듯이, 멧새가 막 나뭇가지를 떠나듯이 부엌에서도 빠져 나오고 살구나무 여인숙이나 오동나무가 있던 집에서도 나온다. 독자로서 우리는 무릎을 일으켜 세운 장석남이 어디쯤에 가서 이런 시들을 쓰는지 궁금해질 수밖에 없다. 이미 멀찌감치 떠나버렸는가, 아니면 아직 떠나지 않고 놀던 곳 주변 어딘가에서 서성거리고 있는가? 과연 그가 자신이 놀던 곳에서 얼마나 멀리 떨어져 그 시들을 썼느냐는 무척 중요한 문제처럼 보이는데, 또한 그런 까닭에, 이 질문은 어떤 분명한 답을 지니고 있지 않다.

한번쯤 그의 시를 따라 "무릎 펴고 일어나"본 독자라면, 일어서면서 무릎의 존재를 느끼게 되는 경우는 오랫동안 앉아 있었을 때뿐이라는 걸, 그러므로 일어설 수밖에 없기 때문에 일어서는 것이지 원래는 일어서고 싶지 않았다는 걸, 그리하여 결국 일어섰다고 하더라도 쉽게 돌아서 걸음을 옮긴다는 것은 있을 수 없다는 걸 알게 된다. 그래서 그를 따라 그가 노래하는 것들을 바라보는 우리는 그것들로부터 기껏해야 '멀찌감치인 양' 떨어져 있는 셈이다. "저만치 혼자서 피어 있네"(「산유화」)라고 김소월이 노래했을 때의 "저만치"란 시적 윤리의 '거리(距離)'를 묘사한 부사다. 이 시적 윤리의 거리를 측정하려면 『논어(論語)』 '팔일(八佾)'편에 나오는 "樂而不淫 哀而不傷"을 이용하는 수밖에 없다. '淫'을 꺼리는 '樂'의 자리에, 혹은 '傷'을 피하는 '哀'의 자리에 시인은 있지 않다. 윤리적으로 말해서 시인은 '淫'과 '樂,' '傷'과 '哀' 사이의 어딘가에 있어야만 한다. 그게 바로 "저만치" 떨어진 자리다.

이미 떠났으되 아주 떠나버리지는 않은, "저만치"에서 장석남은 "죽음의 시늉"(「달의 방 1」)을 하면서 자신과 더불어 놀던 것들과 아주 긴, 어쩌면 영원히 끝나지 않을지도 모를 작별인사를 나눴던 것인데, 시적으로 볼 때 이만큼 윤리적인 작별 인사가 없다. 윤리란 어디까지나 예(禮)의 영역에 속한다. 다시 말하자면, 님은 갔지마는 예의 형식을 갖춰 님을 보내지 않는 일이 바로 윤리적 행위이다. 인간으로서 우리는 마땅히 '淫'해야만 하고 '傷'해야만 하되, 예를 빌어와 이를 '樂'의 시늉, 혹은 '哀'의 시늉인 체해야만 한다. 우리가 짐승에 불과하다면 이런 번거로운 일을 해야만 할 필요가 없었을 테니 예가 인간만이 가질 수 있는 여분의 것이라는 걸, 또한 시(詩)가 그런 예의 영역에 속한다는 걸 알 수 있다. 그러므로 '樂'의 시늉, 혹은 '哀'의 시늉이 없는 '淫'과 '傷,' "죽음의 시늉"이 없는 시, 윤리적 거리를 두지 않는 시인이란 무례를 뜻한다.

    내가 받늣도록 붙집고 있있으나
    끝내는 지워져버리고 만
    몇몇 내 마음속 詩句들 　　　　——「민들레」부분

이나,

    영혼은 저 멧새 앉았다 날아간 나뭇가지같이
    가늘게 떨어서 바람아
    어여 이 위에 앉아라.
    앉아라
    　　　　——「멧새 앉았다 날아간 나뭇가지 같이」부분

  와 같은 『젖은 눈』의 구절들은 무례하다는 말을 듣지 않기 위해 거치는 번거로운 과정을 보여준다. 이런 번거로운 과정을 피하려면 애당초 사랑하지 않는 게 좋다. 이런 관점에서 사랑을 잃을까 봐 겁을 낸다기보다는 사랑을 잃은 뒤에 거쳐야만 하는 번거로운 과정을 겁내 애당초 사랑하지 않는 자들을 무례한 자들이라고 할 수 있으며, 이 무례한 자들은 시를 절대로 이해하지 못한다. 『왼쪽 가슴 아래께에 온 통증』에 붙인 해설에서 최하림이 쓴 "장석남류"란 바로 저만치 떨어져서 죽음의 시늉을 해야만 하는 이

고달픈 운명을 뜻한다. 이에 대해 최하림은 장석남이 추억의 힘을 빌어 아무런 연관성이 없는 단어들을 그만의 어법으로 연결한다고 설명하면서 "어느 황혼이 섭정하는 저녁나라일까"(「송학동 1」)라는 시구를 대표적으로 거론한다. 이 시구에서 문제는 "황혼"도 "저녁나라"도 아니라 바로 그 사이에 끼인 "섭정"이다. 이 "섭정"이라는 단어는 예를 갖추고자 안간힘을 쓸 때 나온다.

  나를 오랫동안 매혹시킨 장석남의 그 독특한 비유법은 모두 여기에서 연원한다. '淫'과 '傷'하다고 해서 '淫'과 '傷'하다고 말할 수 없으니 "죽음의 시늉"을 해서라도 달리 말해야만 한다. 저만치 떨어져서 짐짓 "내 서른여섯 살은 그저 초여름이 되기 전에 살구를 한 두어 되 땄다는 것으로 기록해 둘 수밖에는 없네"(「살구를 따고」, 『왼쪽 가슴 아래께에 온 통증』)라고 말해야만 하는 것이다. 내 안으로 들어와 잘 놀다가 가는 것들에게는 한 시절 잘 놀았다고 서로 맞절하면서 보내는 수밖에 없다. 적어도 내가 인간이라면, 더구나 시인이라면. 가지 말라고 바짓가랑이를 붙잡고 늘어지고 싶은 마음은 굴뚝같아도 나붓이 머리 조아리며 잘 가시라고 하는 수밖에 없다. 서로 울고불고 하지 않기로 사전에 입을 맞춰놓은 상태다. 그러니 "가끔 단추처럼 핑글/떨어지는 별도/있습니다"(「水墨 정원 6」)라고 말하면 "이런 날은 아픔이 낫는 것도 섭섭하겠네"(「왼쪽 가슴 아래께에 온 통증」)라며 저만치 서서 짐짓 대꾸해야만 한다. 고별사가 길어지면 길어질수록, 님은 갔지마는 나는 님을 보내지 않았다고 말하면 말할수록 이별은 연기돼다. 예라는 건 이치김 인간석인 행위이다. 저만치에서 서성거리며 '淫'과 '傷'을 말하지 않고 '樂'과 '哀'의 시늉을 하느라 추억을 뒤져가며 단어들을 골라낼 때, 이별은 유예된다. 놀던 가락이 있으니 이별도 예를 갖추느라 하세월인 셈인데, 나는 이런 윤리적 거리에서 서정이 비롯한다고 믿는다.

그로부터 대략 6년 정도의 세월이 흐른 지금, 장석남은 마흔이 됐고, 지금 "나이 어린 돌들과 앉아"(「흰 꽃」) 피어난 배꽃을 올려다보고 있는 중이다. 더불어 놀던 것들과 아주 헤어지지는 못한 채, 저만치 떨어져 있다며 "죽음의 시늉"을 하던 시절도 덧없이 지나가고 사위는 고즈넉하다. 이 고즈넉함은 그가 나이가 들어갈수록 돌들의 나이는 어려진다는 사실에서 비롯한다. 사랑보다는 사랑의 연습에, 이별보다는 이별의 예감에, 속삭임보다는 속삭이는 그 입술에 더 많은 마음을 쏟았던 시절이 멀어졌으므로 그와 함께 수사도, 비유도, 시늉도, 말투도 이제는 조금 알뜰해지는 것이다. 살구나무랑 멧새랑 한바탕 놀던 시절에 그는 살구나무와도 멧새와도 떨어질 수 없었기 때문에 의식적으로 그것들로부터 떨어져 있다고 말하며 시를 썼고, 바로 거기에서 서정이 나왔다. 지금 여기, "꽃 핀 배나무 아래" "돌들과 앉아" 있으되, 시인과 돌들의 거리는 "나이 어린"만큼 떨어져 있다. 돌들은 나이를 먹지 않으므로, 사실은 '나이가 어려진' 만큼. 하지만 돌들이 나이가 어려질 리 없으므로, 사실은 그가 '나이가 든' 만큼. "죽음의 시늉"이란 "장석남류"의 서정을 만들어내는 제조법을 뜻하므로 이 시늉이 제아무리 대상과 떨어져 있다고 강변한다고 해도 그건 가상의 거리이다. 장석남이 어디쯤에서 "죽음의 시늉"을 하는지 알아맞힐 수 있는 사람은 아무도 없다. 왜냐하면 "단추처럼 핑글/떨어지는 별도/있습니다"라고 말할 때, 또 그는 실제로 단추처럼 핑글 떨어지기도 하기 때문이었다. 그러나 "나이 어린," 사실은 '나이가 어려진,' 혹은 더 가깝게는 '나이가 든'은 실제적인 거리를 나타낸다. 꽃 핀 배나무 아래에 시인과 돌들은 이제 진짜 '저만치' 떨어져 앉아 있다. 그렇게 앉아 고개를 올려다보면, 당연하게도 배꽃이 보이겠으나 그 흰 꽃은 참으로 아득하게 멀리 있다.

  꽃 핀 배나무 아래

 나이 어린 돌들과 앉아

 '너는 희구나'
 '너는 희구나'   ―「흰 꽃」 부분

지금 시인은 아득하게 멀리 떨어진 흰 꽃이 미지의 공간 속에서 그 모습을 드러내는 풍경을 바라보고 있다. 흰 꽃과 아득하게 멀어지기 전, 그러니까 그가 사물들과 너무나 잘 놀아 "죽음의 시늉"을 하면서 가상의 거리를 만들면서까지 "장석남류"의 수사학을 펼치던 시절에 꽃들은 대개 그의 안에서 피어올랐다. 예컨대,

> 뚱뚱감자꽃이
> 백옥 같은 말씀들을 피워 물고
> 바람에 흔들리고 있을 것이다.
> 둥글레꽃은 피어서
> 뚱뚱감자꽃들은 피어서
> 환하지 않아도 될 슬픔 같은 것까지도 환한
> 먼 마을   ──「素描·1」부분, 『젖은 눈』

에서 꽃들은 바라보는 자의 내면의 무늬를 따라서 피어난다. 장석남은 그 작은 꽃을 두고 "내가 밤늦도록 붙잡고 있었으나/끝내는 지워져버리고 만/몇몇 내 마음속 詩句들,/그 설렘의 따스한 물무늬들을 위한//여기 호젓하고 고요한 주소지의/안타까운 묘지명들"(「민들레」, 『젖은 눈』)이라고 설명한 적이 있었는데, 여기서 "그 설렘의 따스한 물무늬들"을 위해서 민들레가 피어나고 있다는 사실을 알 수 있다. 장석남은 자기의 내부에 있는 "그 설렘의

따스한 물무늬들"을 표현하기 위해 민들레나 둥글레꽃이나 뚱뚱감자꽃 등을 호명했다. 이렇게 이름을 부르는 일은 그것들과 어느 정도 떨어져 있다는 사실을 암시하지만, 그 거리는 가상의 것이다. 앞에서, 자기 안에 있는 것들과 애써 거리를 두는 일을 놓고 인간적이라고 말한 까닭은 여기에 있다. 자기 안에 있는 "그 설렘의 따스한 물무늬들"을 잘 줄맞춰 놓고서는 민들레나 둥글레꽃이나 뚱뚱감자꽃이라고 호명하는 일 자체가 상당히 번거로운 동시에 예를 갖추는 행위이다. 이게 바로 이별이 아니라 이별을 예감하는 일이며 사랑이 아니라 사랑을 연습하는 일이다. 이 윤리적 거리에서 서정이 비롯된다고 이미 말했는데, 이때의 서정이란 곧 '敍情,' 마음속에 있는 물무늬나 시구의 졸가리를 세우기 위해 짐짓 저만치 떨어진 양 꽃들의 이름을 부르는 절차상의 모든 방법을 일컫는다. "장석남류"의 핵심은 여기에 있다.

하지만 흰 꽃은 무슨 이유로 지금 피어나고 있는 것일까? 다시 「흰 꽃」으로 돌아가면, 그는 나이 어린 돌들과 앉아 흰 꽃을 올려다본 뒤, "'너는 희구나'"라고 했다. 눈에 띄는 것은 "너는 희구나"의 양옆에 있는 작은따옴표다. 이 작은따옴표는 그가 흰 꽃을 올려다보면서 "너는 희구나"라고 말한 게 아니라는 것을 뜻한다. 먼저 "너는 희구나"라는 시구는 흰 꽃과 그 사이의 거리가 돌들과의 거리만큼이나 멀어졌다는 사실을 뜻한다. 이전의 시에서처럼 이 흰 꽃은 시인의 내부에 있는 "그 설렘의 따스한 물무늬들"의 졸가리를 세우기 위해 짐짓 저만치 떨어진 양 피어나는 꽃이 아니라, 완전히 시인의 바깥에서 피어나는 꽃이다. 한 시인이 흰 꽃을 두고 "너는 희구나"라고 말했을 때, 이는 시인과 그 꽃 사이에 아무런 시적 거리를 두고 있지 않다는 사실을 뜻하며, 그렇기 때문에 여기에는 그 어떤 '敍情'도 없다. '敍情'이 사라지면 시는 급격하게 산문화되는데, 이 때 "너는 희구나"라는 시구는 "나는 검다"라는 의미를 포함하게 된다. 하지만 그건 "너는 희구나"라고, 그러니까 작은따옴표를 앞뒤에 둘러치지 않았을 경우에 해당한다. 그렇다면 "'너는 희구나'"처럼 앞뒤에 작은따옴표를 둘러치는 행위는 무엇을 의미하는 것일까? 그건 "나는 검다"에다가 작은따옴표를 둘러치는 행위와 마찬가지일 것이다. "'너는 희구나'"와 "'나는 검다'"라는 문장에서 "너는 희구나"와 "나는 검다"는 작은따옴표로 인해 그 내용을 상실해버린다. 흰 꽃이 희고 내가 검은 것은 중요한 게 아니라는 뜻이다. 중요한 것은 작은따옴표로 인해 그 문장들이 드러난다는 점이다. 이어지는 시구에서 그는 "다섯 살에 깨친 글자들처럼/발등에도, 발톱 위에도 놓아보는/흰 꽃,/흰 꽃"이라고 썼다. 그러니까 흰 꽃은 피어나는 게 아니고 작은따옴표를 둘러친 글자들처럼 드러나고 있는 셈이다. 예전에는 꽃과 시인 사이의 거리가 없었기 때문에 흰 꽃은 시인의 내부의 뭔가를 드러내기 위해 피어났지만, 이제 흰 꽃은 저만치 혼자서 드러나고 있다. "'너는 희구나'"는 저만치 혼자서 드러나는 흰 꽃을 형상화한 것인데, 뒤에 "다섯 살에 깨친 글자들처럼"이 나오므로 이는 별로 중요하지 않다. 중요한 것은 "'너는 희구나'"가 "'나는 검다'"를 숨겨두고 있다는 점인데, 이 사실까지 확인하고 나면 지금 배나무 아래에 있는 시인이 가진 욕망은 흰 꽃과 대비해 자신이 검다는 사실에 대한 회한을 따져보는 데 있지 않다. 희든 검든 그것은 중요하지 않았다. 시인은 다만 흰 꽃처럼 드러나고 싶을 뿐이다. "너는 희구나"에 둘러쳐진 작은따옴표는 드러나고 싶다는 생각 때문에 시인이 드러나는 흰 꽃을 흉내 내는 동작을 보여준다. 들어가보지 않았지만, 배나무 속은 아마도 "소리 없이/公平히" 어두운 공간일 것이다. 꽃 핀 배나무 아래 나이 어린 돌들과 앉아서 장석남이 드러내고 싶은 공간 역시 그와 마찬가지일 듯하다. 이 시집에서 가장 아름다운 시 중 하나인 「밤 강물」은 이 공간에 대해 다음과 같이 말한다.

밤 江에 나가 보는 심사를
同行의 어깨 위에 가만 손으로 얹어보면
下流까지 소리 없이
公平히 어둠 실은 강이다

밤 강물 곁에서 나는
　　어둠이며 어둠 위의 살림들인 가로의 불이며 하늘의 빛들
이고 내려가는
　　밤 강물 곁에서
　　늦게 본 맏이처럼 유순한
　　강물의 숨은 낯빛을
　　바로 보진 못하고
　　딴청으로만 걷고 있었다

　이 시에는 이 시집 전반에 걸쳐서 흔히 보이는 "흰 꽃"의 말투, 그러니까 "꽃 핀 배나무"에서 "'너는 희구나'"를 거쳐 그 안에 숨겨진 "'나는 검다'"를 지나 마침내 "나도 피어나고 싶다"로 이어지는 현현의 욕망이 절제돼 있다. 그렇기는 해도 강물과 시인 사이의 거리가 좁혀진 것은 아니다. "강물의 숨은 낯빛을/바로 보진 못하고/딴청으로 걷고 있었다"라고 말할 때, 강물은 여전히 시인에게서 저만치 멀리 떨어져 있다. 여기에도 "어둠 위의 살림들인 가로의 불이며 하늘의 빛들"처럼 피어 "오르는" 것들이 있으나 그는 "소리 없이/公平히 어둠" 신고 "내려가는" 밤 강물에 대해서 더 많은 것을 알고 있다. "바로 보진 못하고/딴청으로만 걷고" 있는 까닭은 그 숨은 낯빛을 너무나 잘 알기 때문이다. 그러므로 흰 꽃과 같이 피어 "오르는" 것들을 볼 때처럼 "'너는 희구나'"라고 말하며 그 동작을 흉

내 낼 필요가 없다. 드러나는 흰 꽃에는 흉내를 내면서 숨은 낯빛에는 딴청으로 걸을 때, 그가 도대체 무엇을 말하고자 하는지 조금은 알 수 있을 듯하다. 시에서는 그가 딴청으로 걷는 까닭이 "이제 마흔이 된 울음을, 그만하게 가꾼 꽃밭을, 그도 아니면/점잖은 失意"를 내놓을 수 없기 때문이라고 밝혀놓았다. 그런 것들을 쉽게 내놓을 수 있는 처지였다면, 그러니까 "마흔이 된 울음" 같은 것을 쉽게 드러낼 수 있는 처지였다면, "'너는 희구나'"라며, 저만치 멀리서 드러나는 흰 꽃의 흉내를 내지도 않았을 것이다. 딴청과 흉내, 그 사이에 "이제 마흔이 된 울음을, 그만하게 가꾼 꽃밭을, 그도 아니면/점잖은 失意"를 드러내고 싶으나 드러낼 수 없는 심사가 감춰져 있다. 이 모순된 심사 앞에서 "소리 없이/公平히 어둠"을 실은 밤 강물은 더욱 더 "소리 없이/公平히 어둠"을 싣고 아래로 아래로만 내려간다. 나는 아직 마흔에 이르지 못했지만, 이로써 그의 딴청과 흉내가 얼마나 슬픈 것인지 깨달을 수 있다. "죽음의 시늉"을 하던 시절에 우리는 모두 복 받은 사람들이었다. 딴청과 흉내 사이에 갇혀서 흰 꽃처럼 피어나지도 못하고, 그렇다고 밤 강물처럼 내려가지도 못하는 처지가 되고 보니 더욱 그렇다. 그런 의미에서, 우리 사이에, 밤 강물은 공공연한 비밀의 공간이다.

  "그 설렘의 따스한 물무늬들"을 가지런하게 줄 세워놓기 위해서 민들레나 둥글레꽃, 혹은 뚱딴지감자꽃 등의 이름을 부를 때 그에게는 이심전심으로만 통하는 비밀의 공간이라는 게 없었다. "장석남류"의 핵심은 말의 예법, 호명의 절차에 있었다. 다시 "이는 황혼이 섭정하는 저녁나라일까"로 돌아가면, 이 구절의 아름다움은 우리가 익히 잘 아는 "황혼"이나 "저녁나라"에 있는 게 아니라, "황혼"이나 "저녁나라"를 "섭정"이라는 단어로 표현하는 데 있다고 최하림은 말했다. 말하자면 그 시절에 그는 말할 수 있는 것들을 말할 수 없는 방식으로 표현하고 있었다. 그래야만 추억은 끝없이 되새김질되고 이별은 유예되며 무릎은 펴지지 않는다. 하지만 이제 그는 "이제 마흔이 된 울음을, 그만하게 가꾼 꽃밭을, 그도 아니면/점잖은 失意"를 드러내고자 하나 드러낼 수가 없다. "죽음의 시늉"이 작은따옴표의 힘을 빌린 "흉내와 딴청"으로 바뀌게 된 까닭은 여기에 있다. 이 시집에서 그는 "생강나무 꽃 피면 그 아래 돌길로"(「생강나무 아래」), "감잎 쓸고 나니 마당은/하늘로 다 가고 말았네"(「감잎 쓸면서」), "푸른 것들이/조금씩 나오고 올라오고/자란다"(「봄 山」), "매화분 하나를 구해 창가에 두고는/꽃봉오리 올라오는 것 바라보니"(「매화꽃을 기다리며」) 등과 같이 위로 솟구치는 구절 다음에서는 어김없이 "큰 항아리를 지게 지고 와서 앉았다 가는 사람"(「생강나무 아래」), "발등에 이파리들/다 떨어뜨리네"(「감잎 쓸면서」), "절벽을 낭떠러지 아래로 밀어 떨어뜨리며"(「봄 山」), "그 그림자 아래 나는 여럿이 되어 모여서"(「매화꽃을 기다리며」) 등과 같이 아래로 내려가는 것들을 붙여놓았다. 이는 어쩔 수 없이 「흰 꽃」의 "나이 어린 돌들과 앉아"라는 구절을 떠올리게 만들며, 다시 「흰 꽃」과 「밤 강물」에 나오는 흉내와 딴청의 대비 관계로 이어진다. "이제 마흔이 된 울음을, 그만하게 가꾼 꽃밭을, 그도 아니면/점잖은 失意"를 드러내고자 그는 흉내를 내지만, 그게 불가능하다는 것 역시 잘 알고 있기 때문에 동시에 딴청을 부리는 셈이다. 「새로 생긴 저녁」은 좀더 흉내 쪽에 가까운 시지만, 이 흉내와 딴청의 상관관계를 아름답게 보여준다.

> 보고 싶어도 참는 것
> 손 내밀고 싶어도
> 그저 손으로 손가락들을 만지작이고 있는 것
> 그런 게 바위도 되고
> 바위 밑의 꽃도 되고 蘭도 되고 하는 걸까?
> 아니면 웅덩이가 되어서
> 지나는 구름 같은 걸 둘둘 말아
> 가슴에 넣어두는 걸까?
>
> 빠져나갈 자리 마땅찮은 구름떼 바쁜
> 새로 생긴 저녁

말할 수 없는 것을 말해야만 하는데, 그게 불가능하기 때문에 장석남은 손가락으로 바위나 바위 밑의 꽃이나 난, 아니면 웅덩이 같은 것을 흉내 내고 있지만, 결국 그 흉내는 "가슴"속으로 들어가는 바람에 딴청이 되고 만다. 이 가슴속이 바로 그가 드러내고자 안달복달 흉내 내면서도 그렇지 않은 척 딴청을 피우는 비밀의 공간이다. "책을 내기로 하고 300만 원을 받았다/마누라 몰래 주머니에 넣고 다닌다"로 시작되는 시 「목돈」은 이 비밀의 공간이 어떻게 생성되는지 잘 보여준다. 이 시에서 장석남은 결정적으로 "내 정신의 어여쁜 빤쓰 같은 이 300만 원을,/나의 좁은 문장으로는 근사히 비유하기도 힘든/이 목돈을 나는 어떻게 할 것인가"라고 말하며 말할 수 없는 것을 감춰둔 가슴속의 곤란함을 토로하기도 한다. 「稚拙堂記」「비밀을 하나 말씀드리죠」「內面으로」 등은 이 곤란함을 말하고 있는 시들이다. 이런 곤란함에 딴청을 부리는 시들을 찾자면, 「내일도 마당을 깨겠다」「방을 깨다」「계단 옮기기」 같은 시들이다. 「계단 옮기기」에서 그는 "계단을 부수고 가설도 안 되어 잠시 길이 없는 동안/오, 나는 꽃처럼 피어났으니"라고 말하고 있는데, 이는 꽃들이 깨지고 부서진 틈으로 피어난다는 것을 의미한다. 마흔이 된 그가 피어나는 꽃을 바라보며 "'너는 희구나'"라고 작은따옴표를 붙여서 그 동작을 흉내 내는 까닭은 꽃이란 나무의 내부를 뚫고 빠져나온 것들이기 때문이다. 하지만 흉내는 끝내

완성되지 못하는데, 그 까닭은 "나의 비참은/방을 깨놓고 그 참담을 바라보는 데 있는 것이 아니라/그 광경이, 무엇인가에 비유되려 한다고 생각하는 순간 몰려온 것이다/너무 많은 얼굴과 너무 많은 청춘과 너무 많은 정치와 너무 많은 거리가 폭우처럼 쏟아져 들어오는 것이다/무엇보다도 밝게 밝게 나의 모습이, 속물근성이, 흙탕물이 맑은 골짜기를 쏟아져 나오듯"(「방을 깨다」)이 몰려들기 때문에 무엇으로도 비유되지 않는다고 하는 "비참" 때문이다. 한편으로 이 "비참"은, 그럼에도 불구하고 그것들이 "빠져나갈 자리 마땅찮"(「새로 생긴 저녁」)다는 점에서 비롯되기도 한다. 너무나 많은 것들이 쏟아져 내려 그 어떤 비유로도 빠져나갈 자리가 마땅찮을 때, 여기서 딴청은 시작된다. 벽에서 드러났다는 점에서 보자면 얼룩 역시 피어나는 꽃과 마찬가지인데, 그가 그 얼룩을 무엇에도 비유하지 못하고 다만 "신발 머리에 이고 오신다"(「장마」)라며 남천(南泉)과 조주(趙州)의 일화로 돌아갈 때, 이는 신발을 머리에 이고 걸어갔던 조주처럼 딴청을 부리는 셈이다. 그리고 이 딴청에서 "새로 생긴 저녁"이 나온다. 딴에는 이 "새로 생긴 풍경"의 저녁이 별다른 욕심 없이 참 평온하다. 예컨대,

    직장의 창가 화분 하나에 고양이풀이 돋아나서 겨울을 난다. 겨울에도 발그스레하게 물만 주면 깔깔댄다. 저년이!

하면 또 깔깔댄다. 물 준 지 오래면 다 죽은 듯 풀어헤쳐져서 늘어지지만 물 주면 두어 시간이 가지 않아 다시 일어선다. 불굴의 애교다. 곁의 화분으로도 옮겨가는 것 본다. 받침 접시 넘치게 물 주어 걸레로 닦으며 많이 준 것 참 드물게 후회 없다. ——「고양이풀에 물 주다」 전문

처럼. 고양이풀이 깔깔거리는지, 장석남이 깔깔거리는지, 정말 우스워서 깔깔거리는지 알 수 없지만, 어쨌든 이 "새로 생긴 저녁"에는 불굴의 애교로, 드물게 후회 없이 이렇게 깔깔거리는 게 어울릴 듯하다.